Animales peligrosos

Rebecca Gilpin

Diseño: Will Dawes, Katrina Fearn,
Michelle Lawrence y Zoe Waring

Ilustraciones: Patrizia Donaera

Traducción de Sonia Tapia

Con la colaboración de: Tim Haggerty

Asesor de zoología: profesor Stuart West, Universidad de Edimburgo

Sumario

¡Cuidado!

Los animales pueden ser peligrosos en muchas circunstancias; por ejemplo, cuando tienen hambre o miedo, o cuando protegen a su familia.

Esta serpiente de cascabel está agitando la cola. Es un aviso de que puede atacar.

No te acerques

Los animales pueden ser peligrosos cuando protegen el sitio donde viven o a sus crías.

La osa polar cuida de sus oseznos hasta que son capaces de arreglárselas ellos solos.

Un oso macho intenta atacar a los oseznos. La madre los protege.

El oso huye asustado y los oseznos están a salvo, de momento.

Algunos animales defienden la zona donde viven y cazan, que es su territorio.

Cuando un tigre entra en el territorio de otro, hay un enfrentamiento. A veces luchan hasta que uno de los dos muere.

La caza

Hay animales que matan a otros para alimentarse. Algunos son muy hábiles en la captura de sus presas.

Los guepardos corren a gran velocidad en persecución de antílopes hasta que los alcanzan y los derriban.

El oso pardo se sitúa en los ríos a la espera de salmones que saltan.

La boa constrictor se enrolla a su víctima y la estruja hasta matarla.

Las rayas del tigre son un camuflaje estupendo que le permite acercarse a sus presas sin ser visto.

El águila se lanza en picado y atrapa un pez con sus afiladas garras.

Los escorpiones usan la cola para picar y aturdir a sus presas.

Trabajo en equipo

Algunos animales viven y cazan en grupo para conseguir matar animales más grandes que ellos.

Los lobos viven en familias llamadas manadas y cazan juntos a presas como alces y ciervos.

Los lobos son capaces de seguir el rastro de olor que dejan sus presas en la nieve.

Las leonas cazan juntas. Apartan a una cebra de su rebaño y se lanzan sobre ella.

Una leona le muerde el cuello y no lo suelta hasta que la cebra deja de respirar.

Todas las leonas se alimentan de la cebra muerta.

En la oscuridad

De noche, hay animales que tienen sistemas especiales para encontrar presas a oscuras.

La víbora tiene dos orificios en la cara con los que percibe el calor que desprenden otros animales.

Gracias a eso, ni siquiera los animales pequeños logran esconderse de la víbora en la oscuridad.

La lechuza, gracias
a sus enormes ojos,
ve muy bien incluso
cuando casi no hay luz.

Vuela en silencio y se lanza en picado para atrapar pequeños animales con sus afiladas garras.

Peligros ocultos

Algunos animales se esconden para esperar a sus presas en lugar de perseguirlas.

El leopardo trepa a los árboles y sorprende a los animales que pasan debajo abalanzándose sobre ellos.

El cocodrilo nada en el río. Solo se ve parte de su cabeza.

La gacela bebe agua del río, pero no ha visto al cocodrilo.

El cocodrilo se lanza sobre la gacela y la atrapa entre las fauces.

El cocodrilo gira sobre sí y arrastra a la gacela al agua para ahogarla.

A toda velocidad

Algunos animales son muy rápidos cuando cazan o cuando se asustan.

El halcón peregrino ve una paloma y se lanza al ataque.

Choca contra la paloma a increíble velocidad y la mata.

El halcón se come la paloma muerta en el suelo.

El elefante africano es el animal terrestre de mayor tamaño. Carga a menudo contra otros animales para asustarlos.

¡Tiburón!

Los tiburones son los cazadores más fieros que hay en los océanos. Son capaces de oír y oler a sus presas a una gran distancia.

El gran tiburón blanco caza peces grandes, focas y delfines. A veces también ataca a las personas, aunque no es muy común.

Este gran tiburón blanco asoma a la superficie del mar para atacar a una foca.

El tiburón tigre
tiene un gran
sentido del olfato.

Este tiburón tigre huele de lejos la sangre
de una tortuga malherida.

El tiburón ataca y aplasta la tortuga utilizando
sus fuertes mandíbulas y sus dientes afilados.

Los peligros del mar

Los tiburones no son los únicos asesinos del mar. En él viven muchas otras criaturas peligrosas.

A pesar de que el pulpo de anillos azules tiene el tamaño de una pelota de golf, es capaz de matar a una persona en pocos minutos con su veneno.

Cuando está a punto de atacar, se vuelve amarillo con manchas azules.

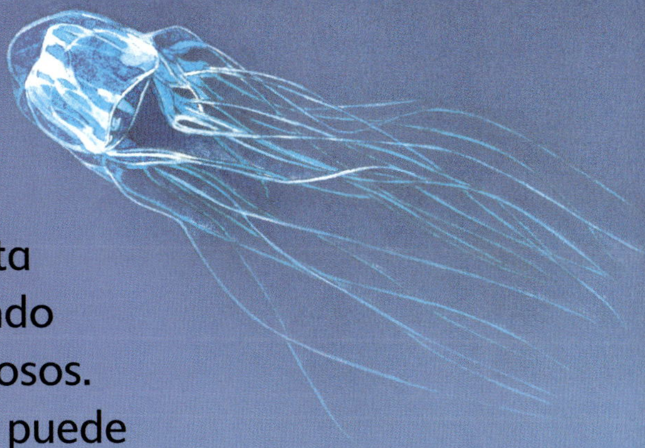

La avispa de mar es una medusa que mata peces pequeños usando sus tentáculos venenosos. Su picadura también puede matar a un ser humano.

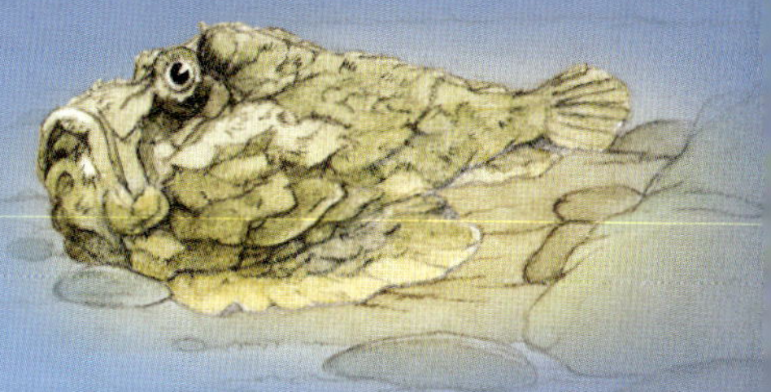

El pez piedra tiene espinas venenosas en el lomo. Quien lo pisa accidentalmente corre peligro de muerte.

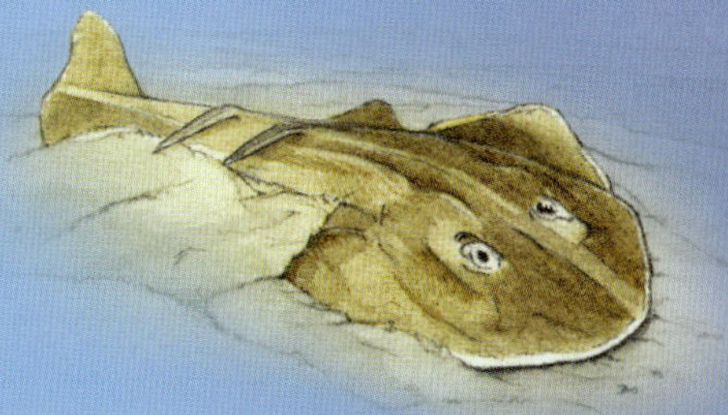

La raya eléctrica se esconde en la arena y el que la toca recibe una descarga eléctrica.

El caracol cono inyecta a sus presas un veneno mortal y luego se las traga enteras.

Morceduras mortales

Algunas serpientes y arañas cuentan con colmillos afilados llenos de un veneno que puede ser muy peligroso para el ser humano.

Las cobras escupen veneno a los ojos del enemigo para cegarlo.

Luego atacan con los colmillos para inyectar más veneno mortal.

Los colmillos de la víbora son tan largos que tiene que plegarlos para que le quepan en la boca.

La tarántula espera en su telaraña a que pase alguna presa.

Un escarabajo pisa la telaraña y la tarántula nota el movimiento.

La araña sale entonces y clava los colmillos en el escarabajo para inyectarle su veneno.

¡No tocar!

Algunos animales tienen manchas coloridas o espinas afiladas que anuncian a otros animales el peligro que tiene acercarse.

La vistosa piel de la rana dardo advierte a sus enemigos de su veneno mortal.

Algunos pueblos de Sudamérica ponen el veneno de las ranas en sus flechas para cazar.

Las espinas del pez león tienen veneno en las puntas.

Nadan por los arrecifes de coral en busca de peces pequeños para alimentarse.

Si un submarinista toca sin querer un pez león, recibe la picadura de las espinas.

Los que contagian

Algunos animales son peligrosos porque propagan enfermedades.

Algunas hembras de mosquito propagan una enfermedad mortal con su picadura: la malaria.

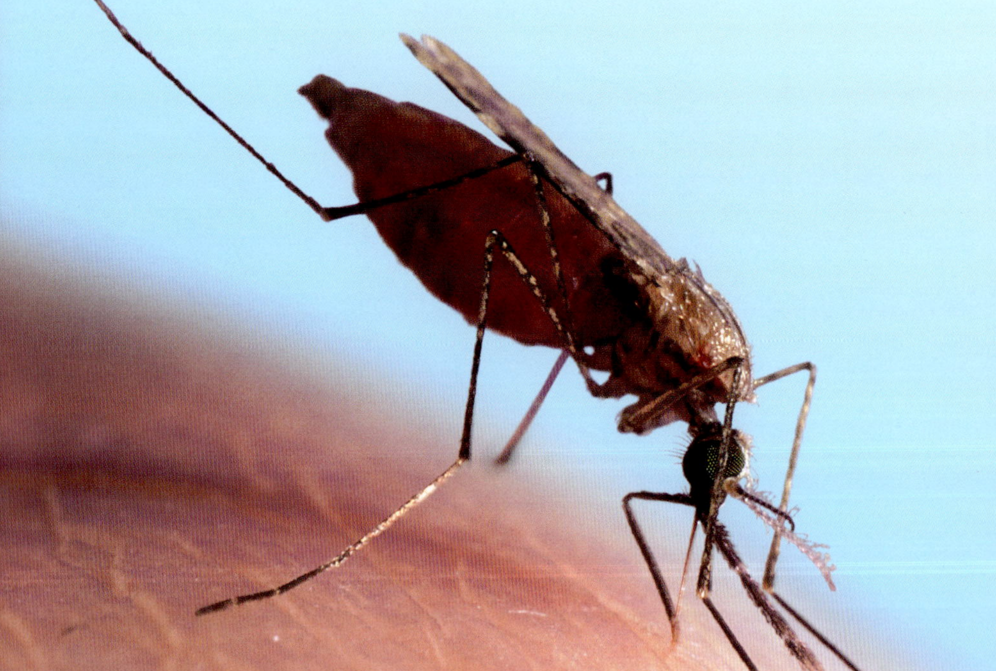

Este mosquito está chupando la sangre de una persona con su boca en forma de aguijón.

Las ratas suelen vivir donde hay seres humanos. Son portadoras de enfermedades que pueden ser muy graves.

Hay enfermedades que se contraen a través de los excrementos o las pulgas de las ratas.

Algunas moscas propagan gérmenes porque tocan excrementos y luego se posan sobre la comida.

Animales en peligro

El ser humano puede ser el más peligroso de todos los animales.

Los cazadores matan animales salvajes para obtener la piel y los cuernos.

El ser humano tala árboles en el territorio de animales para construir o plantar cultivos en él.

El petróleo que se vierte por accidente mata muchos peces y muchas aves marinas.

Algunos animales se ahogan al tragar bolsas de plástico, latas y botellas.

Hay quien caza y mata animales peligrosos como los tiburones solo por diversión.

Muchos animales están en peligro de extinción, y desaparecerán si no cambiamos algunos de nuestros hábitos.

Glosario de animales

A continuación, te explicamos el significado de algunas palabras que aparecen en el libro y que puede que no conozcas.

cazar: buscar, atrapar y matar animales, generalmente para comer.

territorio: zona en la que viven y cazan los animales.

presa: animales a los que otros cazan para comer.

venenoso: algo que es venenoso puede hacerte enfermar o matarte.

veneno: un líquido dañino que algunos animales usan para aturdir y matar.

colmillos: dientes puntiagudos y afilados. Los de algunos animales contienen veneno.

tentáculos: brazos largos de una medusa con los que pica e incluso mata.

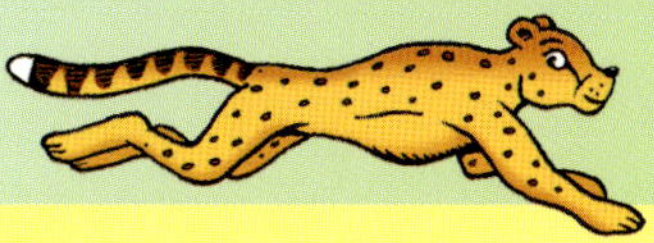

Cuando caza, el guepardo es capaz de correr a más velocidad que cualquier persona.

Los osos pueden correr muy deprisa. A veces persiguen a la gente que los sorprende.

Los grandullones

Los animales grandes son peligrosos por la fuerza y el tamaño que tienen.

Los hipopótamos son enormes. Pueden matar a una persona si esta se acerca demasiado.

Los hipopótamos viven en los ríos para refrescarse.

Los hipopótamos suelen luchar por el territorio. Se atacan con sus grandes dientes.

Páginas web

Si tienes ordenador, puedes averiguar muchas más cosas sobre animales peligrosos en Internet. En la página web Quicklinks de Usborne (en inglés) encontrarás enlaces a sitios muy interesantes.

Para visitar las páginas que se proponen, entra en **www.usborne-quicklinks.com** y selecciona este libro. Luego haz clic en el sitio web que quieras ver.

Usborne revisa los sitios web y actualiza los links con regularidad. Sin embargo, no se hace responsable de la información o disponibilidad de sitios ajenos a la editorial. Recomendamos que se supervise a los niños mientras navegan por Internet.

Los escorpiones salen de noche a cazar insectos.

Índice

Agradecimientos

Manipulación fotográfica: John Russell

Fotografías

Usborne Publishing agradece a los organismos y personas que a continuación se citan la autorización concedida para reproducir el material gráfico utilizado. © Alamy 1 (Steve Bloom Images), 11 (Eureka), 17 (Steve Bloom Images), 18 (Fabrice Bettex), 19 (Stephen Frink Collection), 25 (Ron Steiner); © Ardea 12-13 (M. Watson); © CORBIS 5 (John Conrad), 8 (Jeff Vanuga), 24 (Buddy Mays); © Digital Vision Portada, 22, 31; © Getty Images 2-3 (National Geographic), 6-7 (Steve Bloom), 15 (Johnny Johnson), 27 (John Downer); © Natural Visions 20 (John Lewis); © Nature Picture Library 29 (Jeff Rotman); © Science Photo Library 26 (Sinclair Stammers). Se han tomado las medidas oportunas para identificar a los titulares del *copyright* del material utilizado en esta obra. La editorial pide disculpas en caso de posibles omisiones y se compromete a subsanar cualquier error en futuras ediciones, siempre y cuando se reciba la notificación pertinente.